Manos Creativas

CREA TUS JUGUETES

• Marta Ribón •

algar
editorial

Licencia editorial por cesión de Edicions Bromera, SL (www.bromera.com).

© Marta Ribón Calabia
© Algar Editorial, SL
    Apartado de correos 225
    46600 Alzira
    www.algareditorial.com
Impresión: Índice, SL

1ª edición: noviembre, 2013
ISBN: 978-84-9845-597-7
DL: V-2554-2013

CREA TUS JUGUETES

• Marta Ribón •

Manualidades de reciclaje

algar
editorial

ÍNDICE

RECICLA

¡Protege y cuida nuestro planeta!

Si te gusta el planeta en el que vivimos y la vida que nos ofrece la naturaleza, es muy importante que te comprometas a seguir un modo de vida más sostenible.

Una buena manera de empezar a tomar conciencia desde casa consiste en intentar reducir el material de desecho y reciclarlo. Con él podrás fabricar divertidas manualidades y disfrutar de grandes momentos.

Te aconsejamos que te acostumbres a almacenarlo en una bolsa o en una caja para poder reutilizarlo en cualquier momento. ¡Utiliza tu imaginación y conviértelo en ingeniosos juguetes como los que a continuación se muestran!

Recuerda que eres un artista y que cada pieza que crees será una obra única. Cuanto más variados sean los materiales, más originales serán las piezas. ¡Manos a la obra!

Materiales que puedes reciclar

Papeles y cartón: papel de periódicos, de revistas, de envolver regalos, de embalar, bolsas, platos de cartón, cajas, hueveras, tubos de papel de váter o de cocina...

Telas y costura: retales de tela, prendas de vestir que ya no utilices, trapos, botones, cintas, cordones, lana, cuerdas, cuentas, abalorios, lentejuelas...

Envases: botellas y botes de cristal o de plástico, cajas, tetrabriks, envases de yogur, tapones, chapas, latas, bolsas...

7

DRAGÓN

¡Construye un personaje de leyenda!

Los dragones tienen fama de ser temibles criaturas que amenazan con llamaradas de fuego a cualquiera que se cruce en su camino. Sin embargo, en algunos lugares como China, este animal mítico despierta gran admiración y respeto. ¡El tuyo podría llegar a ser un gran compañero de juegos!

1 Recicla

Para realizar la cabeza del dragón, utiliza dos hueveras de cartón.

Materiales

Dos hueveras de cartón, pinturas y pincel, gomas elásticas, papeles estampados, tijeras, cola blanca y pincelito para aplicarla, grapadora y un palo.

2 Pinta

Pinta las hueveras. La parte interior de color rojo será la boca. Por fuera tendrás que pintar los ojos.

4 Recorta

Para fabricar las escamas del dragón, recorta papeles estampados con formas grandes y pequeñas.

3 Une

Utiliza una goma elástica para unir las dos hueveras tal como se muestra en la figura.

5 Coloca

Pega los papeles aplicando cola blanca con un pincelito. Una vez tengas las escamas, utiliza una grapadora para fijarlas a la huevera.

9

6 Recorta

Confecciona un par de cejas recortando papeles estampados.

7 Pega

Colócalas sobre los ojos y pégalas aplicando cola blanca con ayuda de un pincelito. La cara de nuestro amigo ya estará concluida.

8 Crea

Para confeccionar la cola del dragón, recorta tres piezas de papeles de colores y fíjalas en el extremo de un palo con una goma elástica.

9 Coloca

Para convertir tu dragón en una marioneta, junta con una goma elástica un retal de tela a la cabeza. Une la parte final de la tela con el palo de la cola y podrás hacer bailar al dragón al son de la música.

10

Vamos a vivir divertidas aventuras juntos.

ROBOT

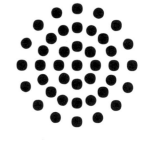

¡Soy el amo del progreso y la tecnología!

¿Te atreves a crear tu propio robot personalizado? Son tiempos modernos, así que experimenta y usa tu ingenio. Quizás algún día te conviertas en un referente para la ciencia. Tan solo necesitas algo de imaginación y materiales reciclables.

1 Recicla

Utiliza cajas de cartón para confeccionar el cuerpo y dos rollos de papel de váter para los brazos y las piernas.

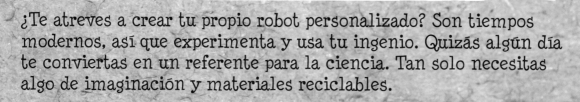

Materiales

Cajas y tubos de cartón, tijeras, pinturas y pincel, dos chapas, botones, dos anillas de lata, dos tapones de corcho, un palito de madera, un tapón de plástico, una vela, una barrena o punzón, cola blanca y pincelito para aplicarla.

2 Pinta

Corta uno de los rollos de cartón, los trozos te servirán de brazos. Elige la pintura del color que más te guste y aplícala con un pincel sobre la superficie.

3 Recorta

Coloca un tubo en cada lado de la caja y marca la silueta del círculo. A continuación, recórtalas para introducir los brazos.

4 Dobla

Para colocar las piernas, puedes utilizar el mismo método que el empleado para los brazos o recortar unas pestañas para pegarlas con cola blanca.

5 Une

Una vez se haya secado la pintura, ya puedes colocar los brazos en la caja. Pega las piernas aplicando cola blanca.

13

6 Coloca

Recicla chapas y anillas metálicas de latas para decorar la cara. Pégalas con cola extrafuerte a la caja de la cabeza.

7 Diseña

¡Inventa una cara de lo más divertida! Puedes reciclar tapones de corcho y palitos de madera. Utiliza pintura para dar los últimos retoques.

8 Perfora

Un tapón de plástico y una vela de cumpleaños pueden convertirse en una antena. Utiliza una barrena o un punzón para perforar el tapón y colocar la vela.

9 Decora

Para finalizar, decora el cuerpo con botones de colores y fija la cabeza al mismo aplicando cola blanca.

14

¡Bip bip!

¡Bip bip!

Mi mecanismo está hecho con mucho amor al reciclaje.

15

COHETE

¡Viaja al espacio sideral en tu propia nave!

¿Preparado para el gran desafío? Ya puedes subir a la nave para atravesar la Vía Láctea. Tendrás que cruzar la estratosfera y viajar años luz para llegar tan lejos, pero este es un viaje en el que la aventura es la protagonista. Tres, dos, uno... ¡despegamos!

Materiales

Tubos de cartón, tijeras, cinta adhesiva, cola blanca y pincelito para aplicarla, papeles estampados, tapas de yogur o de flan y un globo.

1 Une

Para fabricar la base del cohete, necesitarás un tubo de cartón largo. También puedes utilizar tres cartones de papel de váter y unirlos con cinta adhesiva.

16

3 Recicla

Para realizar las ventanas de la nave, puedes utilizar los papeles metalizados de las tapas de flanes y yogures.

2 Decora

Para decorar tu cohete, puedes utilizar papeles estampados o bien pintarlo con pintura. Elige la opción que más te guste.

4 Pega

Coloca las ventanas fijándolas en el tubo con ayuda de un pincelito y cola blanca.

17

5 Recorta

A continuación, recorta un círculo de papel (puedes utilizar un CD para marcar la silueta). Realiza un corte, tal como se muestra en la figura, para formar un cono. Fíjalo aplicando cola blanca en el borde.

6 Une

Recorta la parte superior del tubo formando unas pestañas para colocar el cono. Aplica cola blanca para unir las dos piezas.

8 Lanza

Con un globo podrás propulsar el cohete al aire. Tan solo tiene que hincharlo, colocarlo en el orificio inferior y soltarlo. ¡Que te diviertas!

7 Decora

Para acabar de decorar el cohete, recorta tiras de papel y pégalas alrededor del tubo con ayuda de la cola blanca.

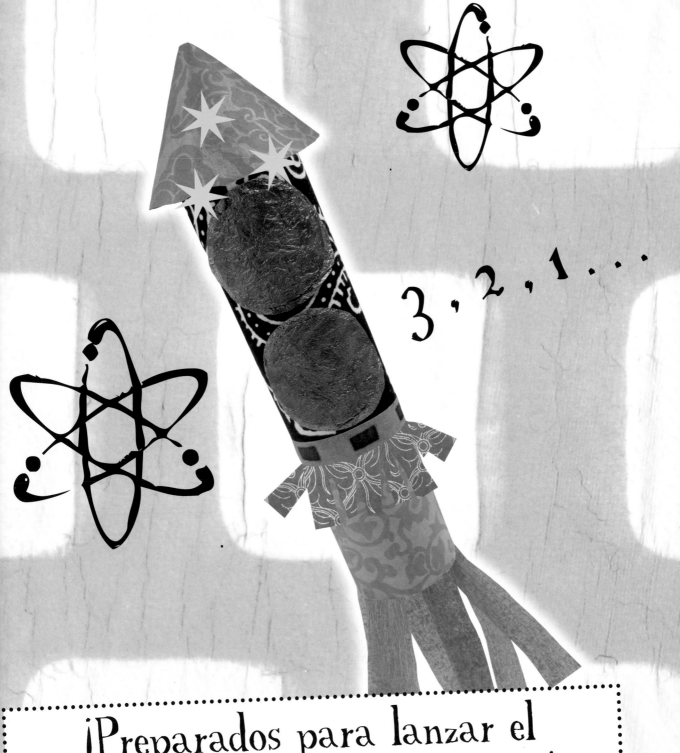

3, 2, 1 . . .

¡Preparados para lanzar el cohete y explorar el universo!

BICHITOS

¡Diviértete creando originales criaturas!

Convierte botellas y envases reciclados de plástico en divertidos bichitos. Puedes decorarlos con papeles de colores y confeccionarlos con alas, antenas y rabito. Recuerda que dando rienda suelta a tu imaginación conseguirás un resultado de lo más original. Cada pieza será distinta y podrás coleccionarlos.

1 Recicla

Utiliza una botella de plástico para confeccionar el cuerpo de tu bichito. Fórralo con papel estampado de colores llamativos.

Materiales

Botellas de plástico, huevera de cartón, pinturas y pincel, limpiapipas, papeles estampados, tijeras, barrena, cola blanca extrafuerte y pincelito para aplicarla.

2 Decora

También puedes pintar los papeles tú mismo con pintura. Recorta un rabito con ayuda de unas tijeras y decóralo a tu gusto.

3 Crea

Recorta dos cuadrados de una huevera de cartón y pinta el centro de los ojitos. Recorta unas pestañas y fíjalas con cola blanca.

4 Pega

Para finalizar, coloca los ojos y el rabito sobre la botella y pégalos con cola extrafuerte.

5 Imagina

Crea modelos diferentes con botellas y diseños distintos.
Puedes decorarlos con flecos, antenas y alas.

6 Coloca

Para realizar unas antenas, dobla un limpiapipas en forma de espiral y colócalo en los ojos fijándolo con cola extrafuerte. Engancha las alas y... ¡a volar!

21

7 Diseña

Recicla papeles estampados de regalos para utilizarlos en manualidades como estas. Las posibilidades son infinitas.

8 Recorta

Imagina, crea y combina los distintos elementos. Recorta las diferentes piezas con ayuda de unas tijeras siguiendo el mismo procedimiento.

9 Juega

Fabrica un rabito con un limpiapipas enroscado. Practica un orificio en la botella con ayuda de una barrena y colócalo. Tu pieza está acabada. ¡Ahora ya puedes jugar con tus propias invenciones!

Nos gusta jugar contigo,
¿podemos hacerlo otra vez?

FANTOCHE

¡Divertidas marionetas de papel!

Todos hemos jugado en algún momento de nuestra vida con marionetas y fantoches. Ya no necesitas comprarlos, puedes crearlos tú mismo con bolsas de papel del mercado o de la tienda de golosinas. ¡Los personajes pueden ser muy variados, incluso pueden ser caricaturas de los miembros de tu familia!

1 Recicla

Reutiliza bolsas de papel para crear divertidas marionetas. Elige las que se ajusten bien y te permitan introducir la mano para manejarlas.

Materiales

Bolsas de papel, lápices de colores, papeles estampados, tijeras, rafia o lana, pompones, botones, flores y cintas decorativas, cola blanca y pincelito para aplicarla.

2 Pinta

Coloca la bolsa con la abertura boca abajo y dibuja la cara de tu personaje. Utiliza lápices o ceras para colorear.

4 Decora

Crea los diseños que más te gusten: chalecos, corbatas, pajaritas... Decora las prendas con pompones y botones.

3 Recorta

Utiliza papeles estampados para vestir a los fantoches. Recorta las piezas con tijeras y pégalas con cola blanca, con la ayuda de un pincelito para aplicarla.

5 Crea

Aquí tienes otro personaje con falda. Recorta las manitas y colócalas en su sitio.

6 Decora

Para crear el pelo, utiliza lana o rafia. Peina a tu personaje y ponle una flor en la cabeza. Con botones y cintas puedes diseñar cinturones.

7 Crea

Imagina y diviértete creando tantos amigos como bolsas encuentres. Tus creaciones no tienen límite.

8 Juega

Introduce la mano por la abertura de la bolsa y juega con tus amigos a teatro y a inventar escenas y diálogos.

Con tu voz nos harás reír
y con tus manos bailaremos.

PELELES

¡Recicla cartones y crea muñecos singulares!

¿Habías pensado en reciclar rollos de cartón de papel de váter? Con ellos podrás crear divertidos peleles articulables como los que te mostramos a continuación. Con un poco de pintura y papeles de regalo estampados, podrás decorarlos. Resultan unos muñecos muy sencillos de confeccionar. ¡A por ellos!

1 Recicla

Para fabricar la base del cuerpo, utiliza tres rollos de cartón de papel de váter.

2 Forra

Forra los tres rollos con papeles estampados de colores. Puedes utilizar papeles de envolver regalos y de este modo reutilizarlos.

Materiales

Rollos de cartón de papel de váter, pinturas y pincel, papeles estampados, tijeras, grapadora o cinta adhesiva, barrena, cordel, cola blanca y pincelito para aplicarla.

3 Une

Para unir las tres piezas de cartón, practica un orificio con ayuda de una barrena, pasa un cordel y haz un nudo para fijar las piezas.

4 Crea

Dibuja la cara de tu personaje y píntala con un pincel. Recorta unas orejas de papel y fíjalas con una grapadora o cinta adhesiva.

5 Finaliza

Utiliza cuatro rollos más para confeccionar los brazos y las piernas. Píntalos y espera que se seque la pintura. Une todas las piezas perforando con una barrena sus extremos y anudando un cordelito.

29

Inventa

6

Crea nuevos personajes
siguiendo la misma técnica.
Forra los tubos, píntalos
y ata cada una de las piezas.
¡He aquí una conejita!
Cada fantoche puede
ser muy distinto.

Crea

7

Recorta unas orejas
bien largas y fíjalas con
ayuda de una grapadora
o de cinta adhesiva.
Pinta la cara y espera
que se seque la pintura.

Finaliza

8

Ata con un cordel
todas las piezas y...
¡diviértete jugando
con tus amigos!

Queremos ser tus mejores amigos porque eso nos divierte.

CONVOY

¡Un tren de mercancías por la vía férrea!

Construir trenes ya no es cosa de ingenieros, al menos si son de juguete... Con materiales reciclados y un poquito de destreza a la hora de juntar las piezas, podrás crear un ferrocarril de primera. Puedes empezar construyendo una locomotora y engancharle vagones de mercancías o de pasajeros. ¿Jugamos un rato?

1 Recicla

Para fabricar la locomotora, recicla un bote cilíndrico y decóralo con pintura.

2 Recorta

Utiliza el cuello de una botella de plástico y, con unas tijeras, practica un orificio en el cilindro para encajarla dentro.

Materiales

Cajas y un bote de cartón, Ocho tapas metálicas de frascos, encuadernadores, tapones y botella de plástico, palitos de polo, tijeras, cuerda, pintura y pinceles, barrena, cola blanca y pincelito.

¡Pi, piii!

¡Chucu chucu!

3 Crea

Encaja el cuello de la botella en el orificio del bote cilíndrico y... ¡ya tendrás la estructura base de la locomotora!

4 Decora

Utiliza tapones de plástico para decorar la pieza. Practica unos orificios con la barrena y pasa encuadernadores para fijarlos a la locomotora. Una vez colocados, abre las puntas por dentro.

5 Construye

Utiliza cajas de cartón rectangulares y colócalas tal y como se muestra en la figura. La caja vertical representa la cabina del conductor. Pégalas con cola blanca.

6 Monta

Coloca todas las piezas y fija el tubo cilíndrico con cola extrafuerte. Puedes decorar la cabina con palitos de madera.

7 Une

Para construir los vagones, utiliza cajas de cartón. Perfóralas y pasa una cuerda para unirlos. Coloca las ruedas.

8 Coloca

Utiliza cuatro tapas metálicas de botes como ruedas. Perfóralas con la barrena y fíjalas a la caja con clips de enquadernar... ¡y a jugar con tu convoy de mercancías!

¡Chucu chucu!

El tren de mercancías va a iniciar la salida por la vía.

35

CASTILLO

¡Recrea los misterios del medievo!

Ya puedes revivir la época medieval con toda su atrayente grandeza de castillos, caballeros y doncellas. Construye tu propia fortaleza de cartón y da vida a personajes de la gran nobleza. Con ellos podrás imaginar cómo era la vida de aquel entonces cuando valerosos caballeros y vasallos otorgaban tributo al coraje.

1 Recicla

Utiliza una caja grande de cartón para fabricar un castillo. Cuanto más grande sea, más espacio tendrás para el juego.

2 Decora

Fórrala con papeles estampados o dale color con pincel y pintura. Recorta la puerta de entrada, menos la parte inferior, y decórala con flecos.

Materiales

Una caja de cartón grande, papeles estampados, pincel y pinturas, cordeles, rollos de cartón de papel de váter, tijeras, gomas elásticas, cola blanca y pincelito para aplicarla.

3 Ajusta

Practica unos orificios en la parte superior de la puerta para crear un puente levadizo. Pasa un cordel y fíjalos con un nudo, así podrás subir y bajar la puerta.

4 Construye

Construye cuatro torres con rollos de papel de váter. Fórralos o píntalos con pincel y pintura. Recorta la parte superior del tubo formando unas pestañas para colocar el tejado.

5 Crea

Recorta un círculo de papel (puedes utilizar un CD para marcar la silueta) y realiza un corte tal como se muestra en la figura para formar con él un cono. Fíjalo aplicando cola blanca en el borde.

6 Monta

Una vez construidas las cuatro torres de vigilancia para el castillo, practica dos cortes a 1 cm de cada esquina de la caja para encajarlas.

7 Coloca

Coloca cada una de las torres en una esquina, y encájalas en los cortes que has realizado.

8 Juega

Ya tienes el castillo montado. Para jugar con él, puedes crear personajes con rollos de cartón, decorarlos y pintarlos.

En el castillo real
se prepara un gran torneo.

39

PELUCHE

¡Practica y diviértete con la costura!

¿Te gusta abrazar a un peluche y dormir plácidamente agarrado a él toda la noche? A continuación, te mostramos cómo confeccionar con telas uno muy especial. Tan solo tienes que pensar cómo quieres que sea y elegir los estampados que más te gusten. Eso sí, tendrás que poner en práctica tus dotes para la costura.

1 Recorta

Para fabricar la cabeza del muñeco, recorta dos piezas de tela iguales, de forma cuadrada, y cose una con otra por el borde. Deja uno de los lados sin coser para poder introducir el relleno.

Materiales

Telas estampadas, tijeras, relleno de cojín, botones, costurero con aguja, hilo y lana.

2 Cose

Recorta dos piezas redondas de tela de color blanco y cóselas a la tela con una aguja gruesa e hilo. Serán los ojitos del peluche.

3 Borda

Cose un par de botones
en el centro de los ojitos.
A continuación, recorta
un círculo de tela para
representar el hocico y
cóselo debajo de los ojos.
Con un trozo de lana, borda
la boca y las pestañas.

4 Rellena

Recorta cuatro piezas
en forma de orejas
y cose dos a dos por
el reborde. Recuerda
dejar la parte inferior
sin coser para introducir
el relleno de cojín.

5 Une

Una vez hayas
rellenado las
orejas, cóselas
a la parte superior
de la cabeza.

41

6 Rellena

Introduce relleno de cojín en la cabeza para que coja volumen y cose la abertura para cerrarla.

7 Crea

Para confeccionar el cuerpo, recorta dos piezas iguales en forma cuadrada. Recorta también cuatro piezas para crear los brazos y las piernas.

8 Cose

Cose las piezas cuadradas por el reborde, dejando uno sin coser para meter el relleno. Haz lo mismo con los brazos y las piernas. Una vez los hayas rellenado, cierra las aberturas y une todas las piezas cosiéndolas entre ellas.

9 Finaliza

Por último, cose la cabeza al cuerpo para unirlos y decora el cuello cosiendo botones a lo largo de la costura.

Abrázame fuerte y te daré
muchos besos con cariño.

MASCOTAS

¡Convierte vasos de cartón en animales!

Si te gustan los animales, lo vas a pasar en grande con la actividad que te presentamos: convierte unos vasos de cartón en tus mascotas favoritas. Tan solo necesitarás pinturas y trocitos de papel para decorar estos simpáticos personajes. Puedes inventar tantas figuras como animales se te ocurran.

1 Pinta

Recicla vasos de cartón para convertirlos en mascotas y animalitos. Pinta cada vaso del color de su personaje y espera que se seque la pintura. Recorta los ojitos de papel y pégalos con cola blanca.

Materiales

Vasos de cartón, pincel y pinturas, papeles de colores o estampados, cola blanca y pincelito para aplicarla.

44

¡Cocoroco!

¡Muuuu!

2 Recorta

Utiliza las tijeras
para recortar las
piezas que decorarán
la cara de tus personajes.
Aquí tenemos una vaca,
con su morro, sus cuernos,
orejas y patitas.

3 Coloca

Una vez recortadas
las piezas, pégalas
con cola blanca.

4 Crea

Inventa distintos
personajes y,
siguiendo el mismo
procedimiento, crea
tus propios diseños.
Aquí tenemos
un perrito.

45

5 Imagina

Puedes confeccionar
animales de la granja,
del bosque, de la selva...
Por ejemplo, una gallina
con su cresta,
sus alas y su pico.

6 Inventa

Con tus personajes
podrás recrear historias
muy entretenidas.
Aquí tenemos un ave
nocturna: un misterioso
búho.

7 Juega

Pásatelo bien con tus
creaciones. Este ratoncito
del bosque tiene muchas
ganas de jugar.

46

¡Estas mascotas están
deseando jugar contigo!

¡Esperamos que lo hayas
pasado muy bien y
te hayas divertido!

¡Hasta
la próxima!

• Sigue jugando con nosotros. •